Drei ungleiche Teile

1 Monatslohn

2 Wasserstange

3 Ferienflug

4 Schülertriathlon

5 Schulreise

6 Bücherwurm

ZKM© Aha!

Drei ungleiche Teile

1. Ein Mann gibt pro Monat für das Wohnen **zwei Fünftel** und für den Haushalt samt Essen **sieben Zwanzigstel** aus. Für Übriges (Freizeit, Reisen, Sparen usw.) bleiben ihm Fr. 1000.–.

2. Für die Rheinschifffahrt braucht es im Fluss Markierungen, damit der Kapitän eines Rheinschiffes weiss, wo sich für sein Schiff die Fahrrinne befindet. So kann er vermeiden, plötzlich zu wenig Wasser unter dem Kiel zu haben.

3. Ein Flugzeug war von Basel Mülhausen nach Madrid unterwegs. $\frac{3}{20}$ der Flugstrecke legte es über der Schweiz zurück, die Hälfte über Frankreich, die restlichen 455 km über Spanien.

4. Ein Triathlon besteht aus Radfahren, Laufen und Schwimmen. Bei einem Schülertriathlon von 4.5 km werden fünf Sechstel mit dem Velo und 450 m zu Fuss zurückgelegt.

5. Auf der Schulreise erkundigen sich Fritz und Emil nach $1\frac{2}{3}$ Stunden beim Lehrer, wie weit sie noch zu marschieren hätten.
Die Antwort: Wenn wir noch 25 Minuten weiterwandern, haben wir $\frac{5}{8}$ der ganzen Strecke zurückgelegt.
(Marschgeschwindigkeit 4.8 km/h)

6. Franz liest am ersten Tag $\frac{4}{7}$ eines interessanten Buches. Am zweiten Tag bewältigt er $\frac{3}{5}$ des Restes, nämlich 63 Seiten.

ZKM©   Aha!

Wie gross ist demnach sein Monatslohn?

Eine dieser Markierungsstangen ragt nun 2.40 m über die Wasseroberfläche hinaus. Zu einem Drittel befindet sie sich im Wasser und zu zwei Fünfteln steckt sie im Boden. Wie lang ist die ganze Stange?

Wie lang war die Flugstrecke über der Schweiz?

Wie lang ist die Schwimmdistanz?

Wie viele Seiten hat das ganze Buch?

ZKM© Aha!

Drei ungleiche Teile

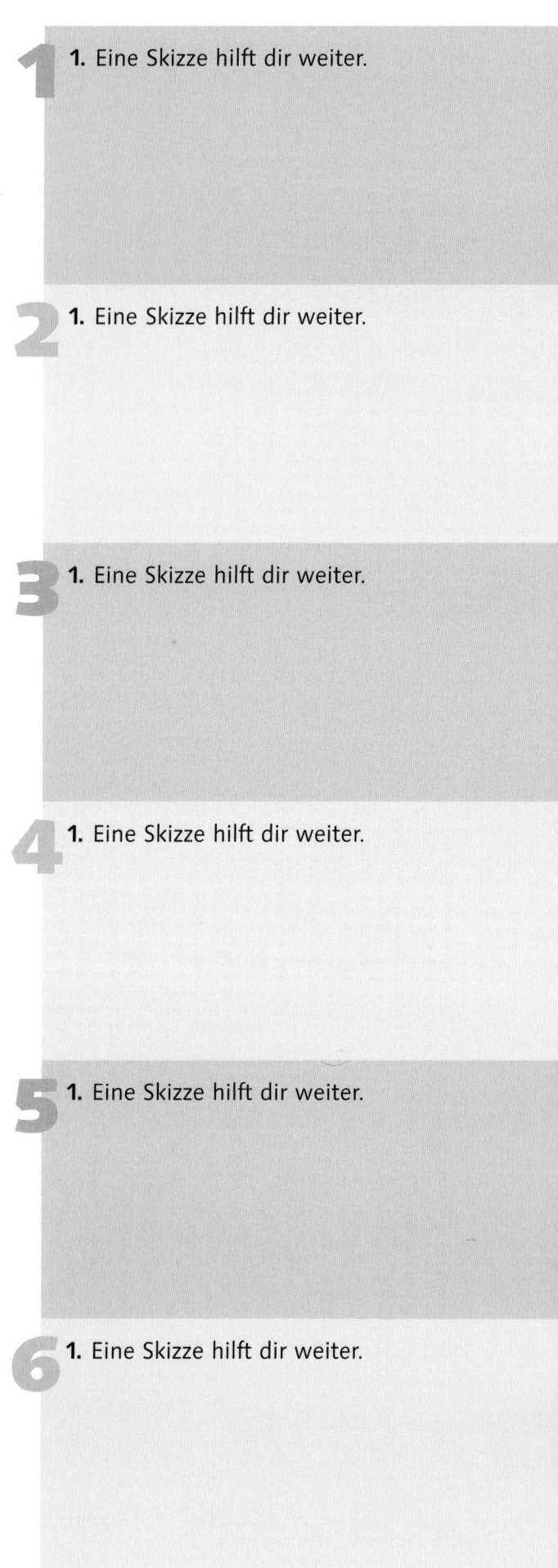

1 **1.** Eine Skizze hilft dir weiter.

Aha!

2 **1.** Eine Skizze hilft dir weiter.

3 **1.** Eine Skizze hilft dir weiter.

4 **1.** Eine Skizze hilft dir weiter.

5 **1.** Eine Skizze hilft dir weiter.

6 **1.** Eine Skizze hilft dir weiter.

ZKM©   Aha!

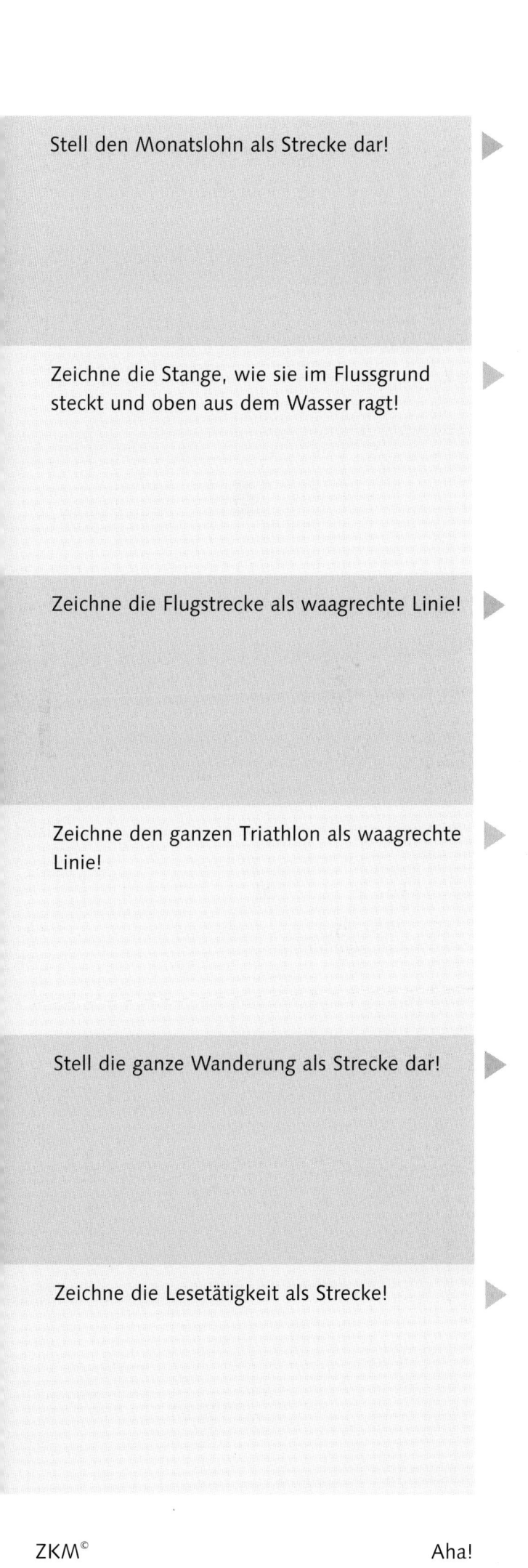

Stell den Monatslohn als Strecke dar!

Zeichne die Stange, wie sie im Flussgrund steckt und oben aus dem Wasser ragt!

Zeichne die Flugstrecke als waagrechte Linie!

Zeichne den ganzen Triathlon als waagrechte Linie!

Stell die ganze Wanderung als Strecke dar!

Zeichne die Lesetätigkeit als Strecke!

Aha!

Drei ungleiche Teile

1 2. |-----------|----------|----------|

2 2.

3 2. |---------------|-----------|-------------|

4 2. |---------------------|----------|--------|

5 2. |----|----|----|----|----|----|----|----|----|

6 2. |-----|-----|-----|-----|-----|-----|-----|----|

ZKM©   Aha!

Schreibe deine Skizze an!

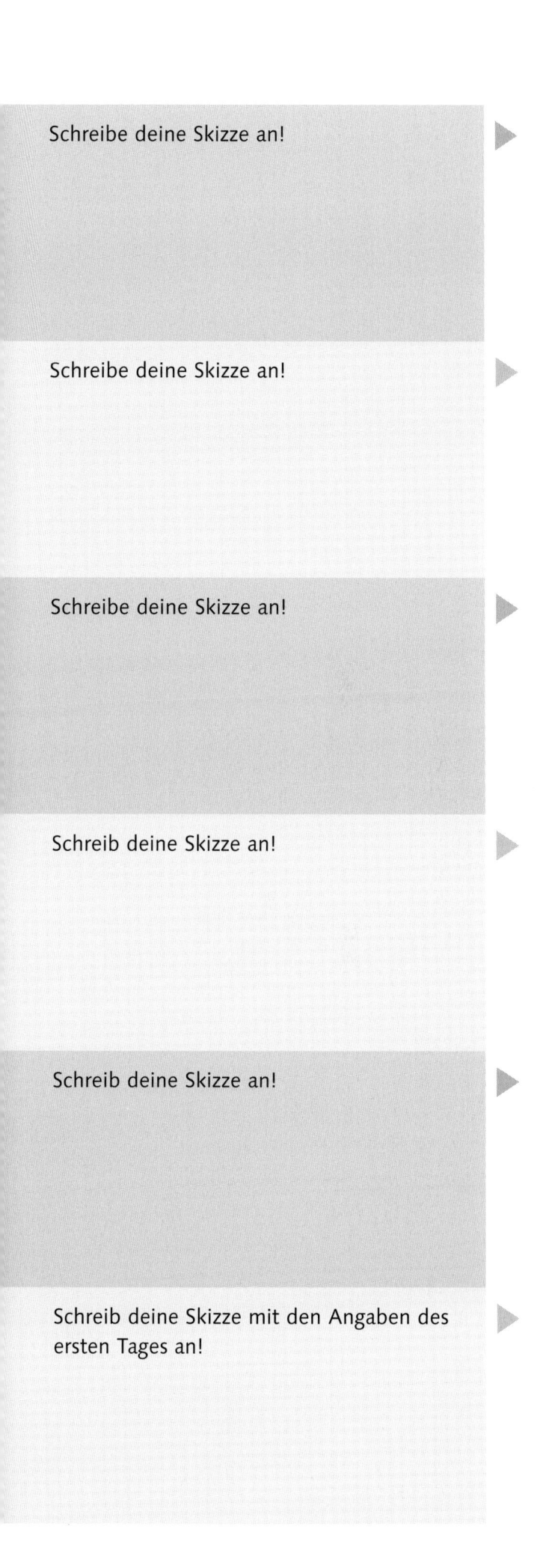

Schreibe deine Skizze an!

Schreibe deine Skizze an!

Schreib deine Skizze an!

Schreib deine Skizze an!

Schreib deine Skizze mit den Angaben des ersten Tages an!

ZKM© Aha!

Drei ungleiche Teile

1. 3. $\frac{2}{5}$ $\frac{7}{20}$
|-----------|-----------|-----------|
                           1000.–

2. 3.   2.40 m
   $\frac{1}{3}$
   $\frac{2}{5}$

3. 3. $\frac{3}{20}$ $\frac{1}{2}$
|---------------|------------|--------------|
                                455 km
Schweiz   Frankreich   Spanien

4. 3. $\frac{5}{6}$?
|-----------------------|---------|--------|
              450 m
              4.5 km

5. 3. Weg $\frac{5}{8}$ $\frac{3}{8}$
|----|----|----|----|----||----|----|----|

6. 3. $\frac{4}{7}$
|----|----|----|----|----||----|----|----|

ZKM©   Aha!

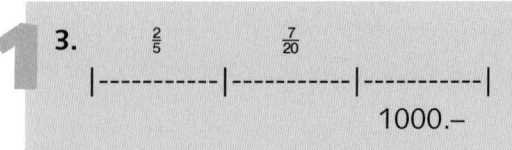

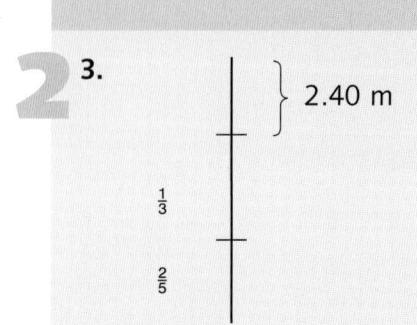

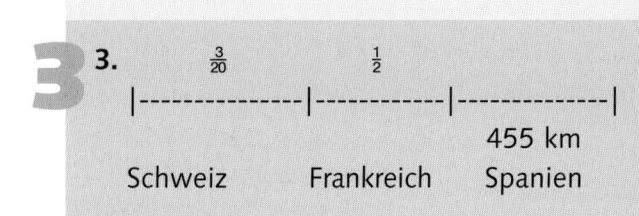

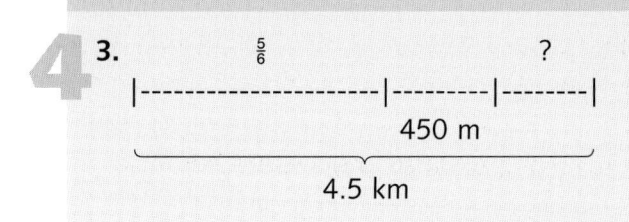

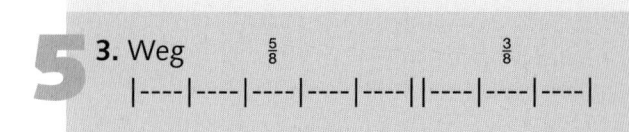

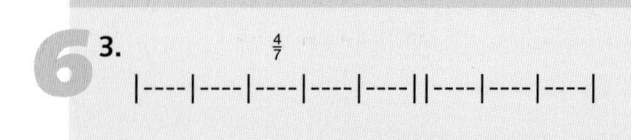

Mach gleichnamig!
Welches ist dein gemeinsamer Nenner?

Mach gleichnamig!
Welches ist der gemeinsame Nenner?

Mach gleichnamig!
Welches ist dein gemeinsamer Nenner?

Jetzt kannst du mit Metern oder mit Brüchen weiterarbeiten.

Variante a) $\frac{5}{6}$ (Velostrecke) entsprechen ? m

Variante b) 450 m (Laufstrecke) entsprechen $\frac{?}{?}$

Kannst du deiner Skizze nun auch die Zeitangaben zuordnen?
(Was machst du mit den $1\frac{2}{3}$ Stunden – und was mit den 25 Minuten?)

Wie viele Bruchteile bleiben noch zu lesen?

ZKM©   Aha!

Drei ungleiche Teile

1 4. $\frac{}{5}$ $\Big\}$ $\frac{}{20}$
     $\frac{}{20}$

2 4. $\frac{}{3}$ $\Big\}$ $\frac{}{15}$
     $\frac{}{5}$

3 4. $\frac{}{20}$ $\Big\}$ $\frac{}{20}$
     $\frac{}{2}$

4 4. a) ($\frac{1}{6}$ entspricht 750 m) → $\frac{5}{6}$ entsprechen 3750 m
   b) 4500 m : 450 m = 10
       (450 m = $\frac{1}{10}$)

5 4. Es gibt zwei Möglichkeiten, $1\frac{2}{3}$ Stunden und 25 Minuten miteinander zu verbinden:
   a) Zeit als Bruchteile von Stunden
   b) Zeit als Minuten

6 4. $\frac{4}{7}$ $\frac{3}{7}$
   |----|----|----|----|----||----|----|----|

ZKM©   Aha!

Schreibe mit gleichnamigen Brüchen an!

Schreibe die Teile der Skizze je mit einem gleichnamigen Bruch an!
Wenn dir das auch beim **obersten Teil** gelingt, geh weiter zu Schritt 7!

Andernfalls fahre bei Schritt 5 weiter!

Schreibe die Teile der Skizze mit einem gleichnamigen Bruch an!
Wenn dir das auch bei der **Flugstrecke über Spanien** gelingt, geh weiter zu Nr. 7!

Andernfalls fahre bei Schritt 5 weiter!

Wie lang sind Velo- und Laufstrecke zusammen (entweder als Grösse oder als Bruch)?

a) ? m

b) $\frac{?}{?}$

Entscheide dich für **a)** oder **b)**!
Welche Zeit entspricht den $\frac{5}{8}$ der Strecke?

Du kannst jetzt entweder mit dem **Rest ($\frac{3}{7}$) allein** weiterrechnen oder das ganze Buch im Auge behalten.
Welcher Lösungsweg scheint dir übersichtlicher und sicherer?
a) Mit dem Rest weiterrechnen?
b) Das ganze Buch im Auge behalten?

ZKM© Aha!

Drei ungleiche Teile

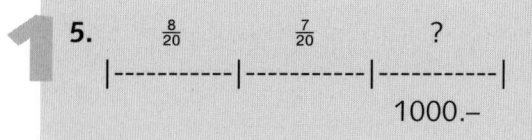

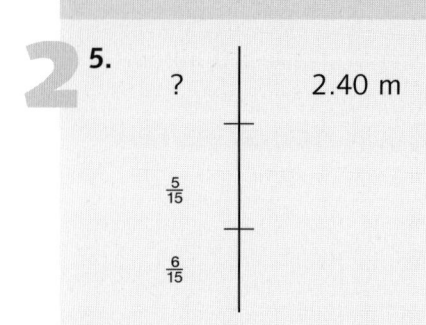

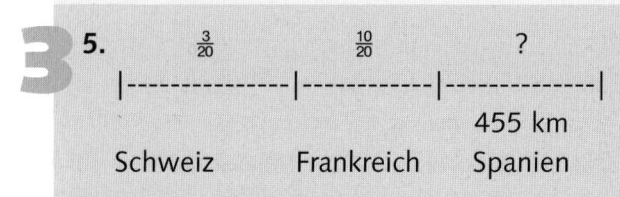

1 5. $\frac{8}{20}$ $\frac{7}{20}$?
|----------|----------|----------|
                          1000.–

2 5.
? | 2.40 m
$\frac{5}{15}$
$\frac{6}{15}$

3 5. $\frac{3}{20}$ $\frac{10}{20}$?
|---------------|------------|--------------|
                                  455 km
Schweiz   Frankreich   Spanien

4 5. a) 3750 m + 450 m = **4200 m**
   b) $(\frac{5}{6} + \frac{1}{10}) = \frac{25}{30} + \frac{3}{30} = \frac{28}{30}$

5 5. a) als Bruch: $1\frac{2}{3}$ h + 25 min = ?
      (25 min = $\frac{5}{12}$ h)
      $1\frac{2}{3}$ h + $\frac{5}{12}$ h
   b) als Minuten: $1\frac{2}{3}$ h + 25 min = ?
      ($1\frac{2}{3}$ h = 100 min)

6 5. a) Gut, du hast dich dazu entschlossen, mit dem Rest weiterzurechnen.
   b) Der Rest umfasst $\frac{3}{7}$ des Buches; $\frac{3}{5}$ dieses Restes sind also $\frac{3}{5}$ von $\frac{3}{7}$.

ZKM©   Aha!

Wie viele Zwanzigstel gibt er also für Wohnen und Haushalt samt Essen aus?

Wie viele Fünfzehntel befinden sich unter Wasser und im Boden (zusammen)?

Wie viele Zwanzigstel befinden sich über der Schweiz und über Frankreich (zusammen)?

Wie viel bleibt für die Schwimmstrecke?

a) ? m

b) $\frac{?}{30}$ = ? m

a) gleichnamig: $1\frac{8}{12}$ h + $\frac{5}{12}$ h = ?

b) 100 min + 25 min = ?

a) Wie viele Seiten sind $\frac{3}{5}$ des Restes? Wie viele Seiten umfasst also der ganze Rest?
b) Kannst du das ausrechnen?
(Falls nicht, ist Weg a) günstiger für dich.)

ZKM© Aha!

Drei ungleiche Teile

1   **6.** ($\frac{8}{20} + \frac{7}{20} = \frac{15}{20}$) Das sind zusammen $\frac{15}{20}$.

2   **6.** Das sind zusammen $\frac{11}{15}$.

3   **6.** Das sind zusammen $\frac{13}{20}$.

4   **6. a)** 4200 m + ? m = 4500 m
     b) ($\frac{28}{30} + \frac{2}{30} = \frac{30}{30}$)

5   **6. a)** Bruch: $1\frac{8}{12}$h + $\frac{5}{12}$h = $2\frac{1}{12}$ h
     b) Minuten: 100 min + 25 min = 125 min

6   **6. a)** $\frac{3}{5}$ des Restes = 63 Seiten
     b) $\frac{3}{5}$ von $\frac{3}{7}$ sind auszurechnen.

ZKM©   Aha!

Welcher Bruch entspricht also den Fr. 1000.–?

Welcher Bruch entspricht also den 2.4 m über der Wasseroberfläche?

Welcher Bruch entspricht also den 455 km über Spanien?

a) Das ist die leichtere Rechnung als b).
b) $\frac{2}{30}$ entsprechen ? m

Bemerkung: Was sagst du zum Verhältnis von Lauf- und Schwimmstrecke? (Wird wohl in einem Fluss stromabwärts geschwommen?)

Weg a) erscheint uns umständlich. Du kannst ihn selbstständig weiterverfolgen, wenn du willst.
Für Weg b) solltest du vielleicht zu Schritt 4 zurück.
Trage dann die Zeitangabe in die Skizze ein! Berechne auch die Zeit für die $\frac{3}{8}$!

a) Wie viele Seiten beträgt der ganze Rest ($\frac{5}{5}$)?
b) Was tust du, wenn du $\frac{}{5}$ und $\frac{}{7}$ vor dir hast?

ZKM©   Aha!

Drei ungleiche Teile

1. 7. ($\frac{15}{20} + \frac{5}{20} = \frac{20}{20}$)
$\frac{5}{20}$ **entsprechen Fr. 1000.–**

2. 7. ($\frac{11}{15} + \frac{4}{15} = \frac{15}{15}$)
2.4 m entsprechen $\frac{4}{15}$

3. 7. ($\frac{13}{20} + \frac{7}{20} = \frac{20}{20}$)
455 km entsprechen $\frac{7}{20}$

4. Zusatzaufgabe
Wenn dir die Schwimmstrecke zu lang vorgekommen ist, dann löse eine Aufgabe, in der die Schwimmdistanz nur 100 m beträgt, auch $\frac{5}{6}$ per Fahrrad zurückgelegt werden und der ganze Triathlon nur 4.2 km lang ist.

5. 7. $\frac{5}{8}$ entsprechen 125 min
$\frac{1}{8}$ entsprechen 25 min
$\frac{3}{8}$ entsprechen 75 min

Weg $\frac{5}{8}$ $\frac{3}{8}$
|-----|-----|-----|-----|-----||-----|-----|-----|
Zeit   125 min   75 min

6. 7. a) Der ganze Rest ($\frac{5}{5}$) beträgt **105 Seiten.**
b) $\overline{5}$ und $\overline{7}$ werden zu $\overline{35}$

ZKM©   Aha!

Wie viel Geld entspricht $\frac{1}{20}$?

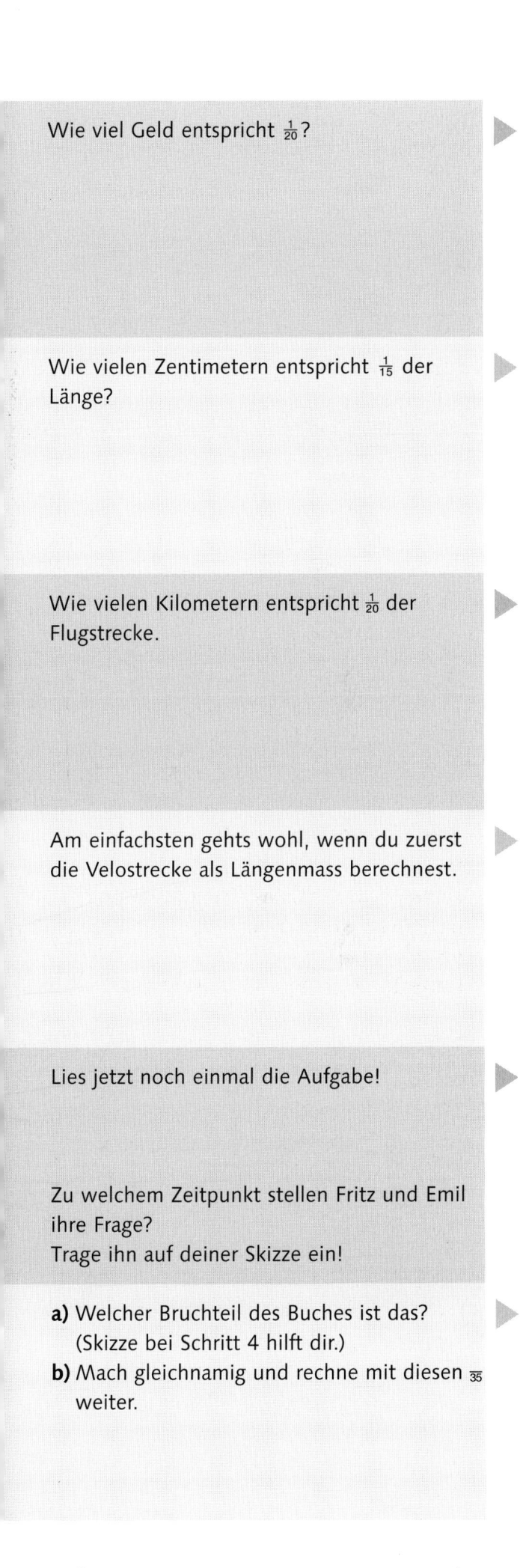

Wie vielen Zentimetern entspricht $\frac{1}{15}$ der Länge?

Wie vielen Kilometern entspricht $\frac{1}{20}$ der Flugstrecke.

Am einfachsten gehts wohl, wenn du zuerst die Velostrecke als Längenmass berechnest.

Lies jetzt noch einmal die Aufgabe!

Zu welchem Zeitpunkt stellen Fritz und Emil ihre Frage?
Trage ihn auf deiner Skizze ein!

a) Welcher Bruchteil des Buches ist das? (Skizze bei Schritt 4 hilft dir.)
b) Mach gleichnamig und rechne mit diesen $\overline{35}$ weiter.

ZKM©   Aha!

Drei ungleiche Teile

1. 8. Fr. 1000.– entsprechen $\frac{5}{20}$
   Fr. 200.– entsprechen $\frac{1}{20}$

2. 8. $\frac{1}{15}$ = **60 cm**

3. 8. ($\frac{7}{20}$ entsprechen 455 km)
   $\frac{1}{20}$ entsprechen (455 km : 7) **65 km**

4. Rechne zuerst **einen** Sechstel aus, dann ist das Berechnen der $\frac{5}{6}$ für die Velostrecke nicht mehr schwierig.

5. 8. Weg $\quad\quad \frac{5}{8} \quad\quad\quad\quad\quad \frac{3}{8}$
   |-----|-----|-----|-----|-----||-----|-----|-----|
   Zeit   125 min   ∧   75 min
   $\quad\quad\quad\quad\quad$ Frage

6. 8. a) $\frac{3}{7}$ des Buches = 105 Seiten
   $\quad\;\;\frac{1}{7}$ des Buches =   ? Seiten

   b) $\frac{9}{35}$ des Buches = 63 Seiten
   $\quad\;\;\frac{1}{35}$ des Buches = ? Seiten

Wie viele Zwanzigstel verdient der Mann also im Monat?

Stell dir jetzt die **ganze** Stange vor!
Wie viele Fünfzehntel sind das?

Stell dir jetzt die $\frac{3}{20}$ über der Schweiz vor!
Wie viele Kilometer sind das?

Wie viel ist $\frac{1}{6}$ von 4.2 km?

Wie viel sind dann $\frac{5}{6}$ von 4.2 km?

Wie lange und wie weit haben sie also zum Zeitpunkt der Frage noch zu marschieren?

a) Wie viele Seiten sind also $\frac{7}{7}$ des Buches?

b) $\frac{35}{35}$ des Buches = ? Seiten

Aha!

Drei ungleiche Teile

1 **9.** Der **ganze** Lohn beträgt $\frac{20}{20}$.

2 **9.** Die Länge der ganzen Stange beträgt $\frac{15}{15}$.

3 **9.** $3 \cdot 65$ km = ?

4 Wenn du die Velostrecke in Kilometern und Metern vor dir hast und ausserdem die Länge der Schwimmstrecke weisst, ergibt sich die Laufstrecke fast von selbst.

5 **9.** Noch **100 min.**
(Marschgeschwindigkeit 4.8 km/h)

6 **Bemerkung:** Bei Weg **b)** stellte sich die Frage, ob du $\frac{3}{5}$ von $\frac{3}{7}$ ausrechnen kannst. Wenn du damit keine Probleme hast, ok.

Willst du aber eine kleine Anleitung, dann lies weiter!

ZKM©   Aha!

Wie viel verdient der Mann also?

Wie lang ist die Stange?

Zusatzaufgabe
Ähnliche Überlegungen helfen dir, eine leicht abgewandelte Aufgabe zu lösen:
Ein Flugzeug war von Zürich Kloten nach Madrid unterwegs. $\frac{1}{5}$ der Flugstrecke legte es über der Schweiz zurück, $\frac{3}{7}$ über Frankreich, die restlichen 455 km wieder über Spanien.

Velostrecke + 100 m + **? m** = 4.2 km

Tipp: Bei Aufgaben mit «Stundenkilometern» gibt es meistens eine Proportionalitätsaufgabe mit 60 min.

Bei allen Aufgaben der Serie C bist du aufgefordert, Bruchteile einer Angabe auszurechnen, eben zum Beispiel $\frac{3}{5}$ **von** $\frac{3}{7}$.

**Merke dir folgende Regel:
Finde immer zuerst einen Bruchteil heraus!**

ZKM©   Aha!

Drei ungleiche Teile

1. 10. $\frac{1}{20}$ entspricht Fr. 200.–
$\frac{20}{20}$ entsprechen?

2. 10. ($\frac{1}{15}$ entspricht 60 cm.
$\frac{15}{15}$ entsprechen ? cm)
Wandle das Ergebnis in die sinnvolle Grösse um!

3. Wenn du genau gleich vorgehst wie bei der ersten Flugstreckenaufgabe, kommst du sicher zum Ziel.

4. Du siehst, dass es in diesem Fall günstiger ist, möglichst bald die Angaben in **Brüchen** als Angaben mit **Grössen** auszudrücken.

5. 10. 60 min entsprechen 4800 m
100 min entsprechen ?

6. Du solltest also $\frac{3}{5}$ von $\frac{3}{7}$ berechnen. O.K.: Wie rechnest du zuerst $\frac{1}{5}$ von $\frac{3}{7}$ aus? Was musst du zuerst tun, um $\frac{3}{7}$ durch 5 teilen zu können?
→ Wenn du zuerst mit 5 erweiterst, geht es plötzlich. Also: $\frac{3}{7} = \frac{15}{35}$
Und jetzt teile $\frac{15}{35}$ durch 5!
Das gibt $\frac{3}{35}$. ($\frac{1}{5}$ von $\frac{3}{7} = \frac{3}{35}$)

Versuche dich an die eben bewältigten Teilschritte zu erinnern! (Du darfst zurückblättern.)
Das wird dir bei Aufgabe 2 helfen!

Zusatzaufgabe
Jetzt solltest du im Stande sein, folgende Aufgabe zu lösen:
Für eine Party werden 40 Flaschen Mineralwasser eingekauft: $\frac{3}{20}$ Cola, 24 Flaschen ohne Geschmack und Citro.
Also wie viele Flaschen Citro?

Diesmal musst du allerdings $\frac{1}{5}$ und $\frac{3}{7}$ gleichnamig machen.

In andern Fällen ist es aber günstiger, mit Brüchen weiterzurechnen.

Gewöhne dir also an, die beiden Möglichkeiten gegeneinander abzuwägen, bevor du dich in die Aufgabe stürzest!

Lies noch einmal die Aufgabe!
Was hältst du jetzt von der Antwort des Lehrers?

Wenn du $\frac{1}{5}$ berechnet hast, sind $\frac{3}{5}$ auch nicht mehr schwierig herauszufinden.
$\frac{1}{5}$ von $\frac{3}{7} = \frac{3}{35}$ $\rightarrow$ $\frac{3}{5}$ von $\frac{3}{7} = \frac{9}{35}$
Regel: Wenn sich ein Bruch nicht teilen lässt, dann erweitere ihn zuerst mit der Teilungszahl! $\frac{3}{5} \cdot \frac{3}{7} = \frac{9}{35}$ Fällt dir etwas auf? Wenn ja, dann kennst du eine neue Regel!

Lösungen

1 Der Monatslohn beträgt **Fr. 4000.–**

2 Die Stange ist **9 m** lang.

Zusatzaufgabe:
Es sind **10 Flaschen Citro.**

3 Die Flugstrecke über der Schweiz misst **195 km.**

Zusatzaufgabe:
Diesmal sind es **245 km.**

4 Die Schwimmdistanz beträgt **300 m.**

Zusatzaufgabe:
Diesmal sind es **600 m.**

5 Sie haben noch **8 km** zurückzulegen.

Gemein: Statt einer Streckenangabe kommt eine Zeitangabe.

6 Das Buch hat **245 Seiten.**

ZKM©   Aha!